Camilo Andres Cardozo León

La gestión pública con la aplicación de la inteligencia artificial

La gestión pública con la aplicación de la inteligencia artificial

Camilo Andrés Cardozo León

La gestión pública con la aplicación de la inteligencia artificial

Una perspectiva de mejora en la atención ciudadana en secretaria distrital de movilidad

Editorial Académica Española

Imprint
Any brand names and product names mentioned in this book are subject to trademark, brand or patent protection and are trademarks or registered trademarks of their respective holders. The use of brand names, product names, common names, trade names, product descriptions etc. even without a particular marking in this work is in no way to be construed to mean that such names may be regarded as unrestricted in respect of trademark and brand protection legislation and could thus be used by anyone.

Cover image: www.ingimage.com

Publisher:
Editorial Académica Española
is a trademark of
Dodo Books Indian Ocean Ltd. and OmniScriptum S.R.L publishing group

120 High Road, East Finchley, London, N2 9ED, United Kingdom
Str. Armeneasca 28/1, office 1, Chisinau MD-2012, Republic of Moldova, Europe
Printed at: see last page
ISBN: 978-613-9-46840-9

REFORMANDO LA GESTIÓN PÚBLICA CON LA APLICACIÓN DE LA INTELIGENCIA ARTIFICIAL: UNA PERSPECTIVA DE MEJORA EN LA ATENCIÓN CIUDADANA EN SECRETARIA DISTRITAL DE MOVILIDAD.

REFORMING PUBLIC MANAGEMENT WITH THE APPLICATION OF ARTIFICIAL INTELLIGENCE: A PERSPECTIVE FOR IMPROVEMENT IN CITIZEN CARE SERVICE IN THE DISTRICT MOBILITY SECRETARIAT.

Resumen

El objeto de estudio, en este caso, estará enfocado a entender la tecnología y la relación con la sociedad, que se proyectó mediante documento CONPES en el año 2019 que abre el camino para enfrentar la realidad en un país donde la tecnología no llega a todos los rincones y el tiempo de espera para adelantar un trámite es demasiado alto respecto a nuestros vecinos, y por lo cual resulta válido preguntar ¿cómo utilizar la IA, como herramienta de ayuda, para reducir el tiempo de espera en los tramites cotidianos de los ciudadanos, especialmente en la Secretaria Distrital de Movilidad?. Como tesis se esboza que hay una lectura de tipo antiformalista, que visibiliza un conflicto de intereses entre la administración y el administrado. Lo anterior para concluir que con ayuda de la inteligencia artificial a su vez con algoritmos podemos acelerar los trámites a las personas que se desgastan en términos de tiempo con herramientas automatizadas.

Palabras clave:

Inteligencia artificial, administración pública, administrado, tecnología, atención al ciudadano.

Abstract

The object of study, in this case, will be focused on understanding technology and its relationship with society, which was projected through a CONPES document in 2019 that opens the way to face reality in a country where technology does not reach everyone. the corners and the waiting time to carry out a procedure is too long compared to our neighbors, and for this reason it is valid to ask how to use AI, as a help tool, to reduce the waiting time in the daily procedures of citizens? As a thesis, it is outlined that there is an anti-formalist reading, which makes visible a conflict of interest between the administration and the administered. The above to conclude that with the help of artificial intelligence in turn with algorithms we can accelerate changes to people who wear out in terms of time with automated tools.

Keywords:

Artificial intelligence, public administration, administered, technology, citizen service.

Índice de contenido

1.1.   Justificación del tema elegido 5

1.2.   Problema y finalidad del trabajo 6

1.3.   Objetivos generales y específicos...7

2.   Marco teórico y desarrollo 11

2.1 El espejo de Secretaria Distrital de Movilidad 13

2.1.1   Historia y evolución de la IA...27

2.1.2   Áreas de aplicación en la IA 30

2.1.3   Reconocer la personalidad jurídica que tiene la IA.......................34

2.1.4   Lineamiento jurisprudencial sobre la IA..36

2.2   Algoritmos y modelos utilizados en la IA..38

2.2.1   Analizar la realidad 40

2.2.1.1 La IA y la ética..42

2.2.1.2 Principios de la IA en el sector público 45

3   Conclusiones 48

Referencias bibliográficas 50

Introducción

La inteligencia artificial (IA) se está articulando en una herramienta clave para las administraciones públicas en favor de las dinámicas cambiantes de la sociedad. La aplicación de la IA en la administración pública puede mejorar la eficiencia, reduciendo tramites, costos, tiempos optimizando la calidad de los servicios públicos, y proporcionando una mejor atención al ciudadano.

La IA puede emplearse en secretaria de Movilidad, como la gestión de talento humano, la seguridad pública, la educación, la atención al cliente y la toma de decisiones.

Entre las técnicas de IA a emplear en la administración pública se incluyen la automatización de patrones o preguntas frecuentes, el aprendizaje constante, el almacenamiento de datos, la visión de los sistemas operativos y la cibernética.

No obstante, también contamos con desconfianzas relacionadas con la aplicación de la IA en la administración pública, como el manejo de la información, que en algunos casos es reservada, a su vez que la información brindada al usuario sea la correcta.

En suma, es necesario la reforma de la inteligencia artificial en la administración pública vinculando como un instrumento valioso para mejorar la eficiencia y la calidad de la atención al usuario, pero es importante abordar los desafíos y preocupaciones asociados con su implementación de manera comprometida.

1.1. Justificación del tema elegido

La inteligencia artificial (IA) nos muestra una inmutable evolución que ha experimentado un crecimiento con el paso de los días, y se está convirtiendo en un enlace importante de nuestro diario vivir. A partir las respuestas automáticas con apoyo de bots, hasta la toma de decisiones y clasificación de procesos, la IA es el presente y futuro, nos muestra como facilitar las dinámicas sociales con la tecnología.

La principal justificación para elegir la (IA) como tema de investigación es que tiene un gran impacto en la humanidad, el tiempo y la cultura es cada vez más significativo y está creciendo ágilmente. A su vez, la IA presenta muchos desafíos éticos y de confianza que deben ser abordados a través que la tecnología progresa. Por ejemplo, hay preocupaciones acerca de los datos personales o información pública reservada, la suspicacia con los algoritmos, el impacto que trae la automatización en el mercado laboral, la responsabilidad contrae tomar sistemas autónomos y los ciber ataques que puede sufrir.

Por consiguiente, es transcendental investigar y comprender la IA en profundidad para estar mejor equipados para abordar estos desafíos y aprovechar al máximo las oportunidades que ofrece la tecnología. Asimismo, la IA es un campo multidisciplinario que abarca diferentes plazas como los sistemas, la matemática, robótica, economía entre otros, lo que hace que sea un tema fascinante y enriquecedor de explorar desde variadas perspectivas.

1.2. Problema y finalidad del trabajo

El problema radica en que dichos mecanismos (apoyos tecnológicos), en Latinoamérica, específicamente en Colombia, son obsoletos en el funcionamiento para optimizar, almacenar y reducir tiempos en los tramites personales en las administraciones públicas, debido a que contamos con un atraso tecnológico respecto a países del primer mundo, sumado a posibles fallas en los algoritmos que se puedan presentar en la implementación.

1.3. Objetivos generales y específicos

- Objetivo general

El objetivo general implementar la inteligencia artificial (IA) en el sector público, con un enfoque de mejora en la atención ciudadana, creando una herramienta que permita clasificar por materias los diferentes problemas que aquejen a la ciudadanía, facilitando el tiempo que transcurre una persona en un trámite ante una notaría o una reclamación en cualquier entidad del Estado, principalmente en Secretaria de Movilidad donde trabaje aproximadamente dos años, observe como las personas llegaban antes de las 7:00 am, para hacer una fila de una cuadra y media, al ingresar les daban un turno que no estaba enlazado a ningún programa era manual voz a voz, dependiendo la rapidez de los funcionarios al interior de los módulos, para poderlos atender, ellos terminaban su diligencia en horas de la tarde, muchas veces sin poder recibir alimentos porque si salían del recinto, los podían llamar y perder la oportunidad de que los atendieran, el trámite básicamente consiste en obtener un acto administrativo que avale retirar el vehículo o motocicleta de patios (lugar donde guardan el medio de transporte por incumplir algunas normas taxativas de tránsito). Por esta razón, es viable implementar una herramienta que coordine por infracciones de tránsito y complejidad del asunto vía web con preguntas de seguridad tipo bancario que solo conozca el propietario para evitar fraudes en el diligenciamiento, y permita otorgar el permiso para sacar el vehículo del lugar donde yace.

En Colombia no pasa solo este tipo de complejidades en Secretaria de Movilidad, también pasa en la gran mayoría de entidades donde se realice un trámite, por otro lado, la norma dicta que se deben responder derechos de petición de interés general se debe dar respuesta en los primeros 15 días hábiles, según la Ley 1755 de 2015 en concordancia con el artículo 23 de la carta política la cual reza *"Toda persona tiene derecho a presentar peticiones respetuosas a las autoridades por motivos de interés general o particular y a obtener pronta resolución"*. Como resultado se evidencia que en la práctica esto no sucede, se deben acudir a otros mecanismos como la tutela para que garanticen el derecho constitucional en mención, aumentando la carga laboral de los juzgados, atrasando la capacidad operativa para poder solventar temas de mayor interés o relevancia que aquejan menor tiempo de respuesta como lo es por ejemplo autorizar una cirugía a un paciente que sufre de obesidad mórbida y es necesario que lo intervengan, pero al no estar autorizado en su plan médico debe ser un juez el que lo faculte en conexidad con el derecho a la vida. Todo esto, se resume en que al no solventar tramites sencillos con inteligencia artificial desgastamos el sistema radicando en muchas entidades la misma solicitud, haciendo filas, pidiendo permiso en el trabajo para que puedas hacer la diligencia gastando dinero en transportes, exponiéndose a la delincuencia, un accidente, entre otras cosas. No dimensionamos la gran importancia de crear una herramienta, que funcione en todo el territorio nacional, con ello podemos evitar y agilizar el sistema que actualmente está estancado, alrededor de 7,4 horas[1] se tarda un ciudadano en cumplir su gestión, además al terminar esas horas puede que la persona asista al lugar que no corresponde, por tal motivo debe dirigirse al lugar correcto a gastar más tiempo, en consecuencia un instrumento con ayuda de la inteligencia artificial, clasificaría el tema a tratar dándole respuesta de forma inmediata, es un hecho notorio que a mayor tiempo, más población, y ese es uno de los inconvenientes que no hay tanta capacidad humana en las entidades para brindar información o soporte a los ciudadanos, por ello es necesario buscar apoyos tecnológicos para sectorizar problemáticas, solucionando de forma oportuna la atención al ciudadano, en igual forma la idea es multiplicar e

---

[1] Roseth, B., Farias, P., Porrúa, M., Peña, N., Reyes, A., Acevedo, S., Villalba, H., Estevez, E., & Lejarraga, S. (2018). *El fin del trámite eterno: Ciudadanos, burocracia y gobierno digital*. Banco Interamericano de Desarrollo.

imitar la capacidad de respuesta humana, en la administración pública con el objetivo de que la (IA) sea superior en términos de rapidez, exactitud y eficacia; el cual acarreara una estadística para evidenciar cuantos tramites puede culminar en feliz término por día mes y año.

- Objetivo específico

Desarrollar herramientas tecnológicas con énfasis en IA que apoyen la calidad del servicio al ciudadano en el ámbito de la Secretaria de Movilidad para mejorar considerablemente la atención al ciudadano, por esta situación es necesario desarrollar herramientas tecnológicas concretas. A continuación, presentó posibles herramientas tecnológicas que pueden mejorar la prestación del servicio administrativo al habitante del territorio colombiano:

-Bot conversacional: Es un software que maneja inteligencia artificial para interactuar con los interesados. Al mismo tiempo, esta herramienta puede suministrar réplicas de respuestas que tengan la misma relación fáctica, siendo esta rápida y precisa a los interrogantes habituales de las personas, con el plus de solucionar su inconveniente, no solamente que sea una conversación somera, donde el ciudadano queda antes con más dudas, la pregunta debe tener relación con el tema que maneje la entidad y con el tiempo ir puliendo la calidad de las respuestas, ya que la (IA) almacena datos, los clasifica a su vez puede generar estadísticas para medir la aceptación de la solución a los problemas que aquejaron los interesados, sin la necesidad de dirigirse a una entidad del sector público, permitiendo acortar los tiempos de espera, con esto logramos adaptar un mensaje en función de sus necesidades. Asimismo, los bots pueden ser dispuestos para realizar tareas encomendadas, como procesar una solicitud y dar trámite a la misma.

-Reconocer datos: la Inteligencia artificial tiene la capacidad para gestionar grandes cantidades de datos, y así ubicar la mejor respuesta que presente el ciudadano apoyando el trámite a tratar e identificar esquemas y directrices en áreas todas las áreas de la administración pública.

-Conexión de inteligencia artificial (metaverso) de cada entidad en una nube que haga parte de la administración pública para tener un compendio de respuestas frecuentes y mayor facilidad de buscar la información específica para cada caso, es necesario estar acordes con la Ley 1581 de 2012 de protección de datos, ya que en algunos casos se va a necesitar información que solo conoce el interesado, para poder gestionar tramites como lo es una autorización de una cirugía a un paciente, realizar un crédito sin necesidad de ir a un banco de forma presencial, un trámite ante la Dian (Dirección de Impuestos y Aduanas Nacionales), manifestar una queja ante un prestador de servicio público, respuestas en términos de derechos de petición para no saturar de tutelas a la jurisdicción judicial, entre miles de temas que se pueden presentar en la administración ya que cada área tiene temas especiales, lo anterior para lograr una atención al ciudadano rápida y sin intermediarios.

Por otro lado, implementar la IA para analizar grandes cantidades de información que se ajuste a la necesidad particular, mejorando la experiencia del ciudadano, para empezar, se debe parametrizar la necesidad del ciudadano y disponer de una solución que le permita quedar satisfecho con el trámite, esto puede ser cualquier cosa, desde encontrar el mejor transporte para llegar a un lugar, hasta proporcionar actos administrativos, productos o servicios.

Seguidamente establecer la automatización de tareas repetitivas con la IA, lo que permite mejorar los problemas que aquejan a la ciudadanía con el sector público, esta técnica abarca la utilización de parámetros, fórmulas, patrones y conceptos de aprendizaje automático conllevando la toma de decisiones en función de la información recolectada, sin necesidad de que el humano este pendiente de las tareas resueltas, generando una base de datos medible, donde se pueda llevar el rastro de cuantos tramites se les dio respuesta en tiempos determinados, e ir ajustando parámetros con el fin de ir cambiando poco a poco el panorama de la ciudadanía en temas de prestación del servicio público.

2. Marco teórico y desarrollo

En primer lugar, se estudiará este acápite con el apoyo de Juan Ignacio Criado que, teniendo en cuenta su camino, es un ejemplo de autoridad a seguir y por esta razón vale la pena mencionar en este trabajo final de grado. Los temas de dominio del autor en mención son especialmente los relacionados con el impacto de la tecnología de la información y comunicación y redes sociales digitales en el sector público, obtuvo un premio Julian Marias en el año 2106 por la comunidad de Madrid al mejor investigador de menos de 40 años, a su vez fue el primer español en ser investigador en Oxford internet institute en el año 2007, una de las obras que se destacan es la siguiente "Las Administraciones Públicas En La Era Del Gobierno Abierto. Gobernanza Inteligente Para Un Cambio De Paradigma En La Gestión Pública", del cual se estudiará, dado el alcance que representa oportunidades derivadas de la nueva ola de innovación tecnológica en el sector público.

En tal sentido, Criado considera que la gestión pública está atravesando cambios recientes con apoyo de las nuevas tecnologías sociales, que permean las organizaciones públicas, denominada gobernanza inteligente la cual busca situar al administrado frente a las variables que se puedan presentar y colaboraciones entre empleados y organizaciones públicas, pretende concertar una aproximación a la realidad de la gestión de las tecnologías en las administraciones públicas coetáneas. En un contexto en el que las tecnologías sociales se han abierto camino en nuestras sociedades, como en todos los contextos tanto económicos, cultural o político la inteligencia artificial está jugando un papel importante es una herramienta que podemos implementar en nuestra vida cotidiana donde nos especifique los que haceres diarios hasta la administración pública, solucionando los tramites de los ciudadanos.

Estos cambios demandan que el dialogo entre la Administración pública y el administrado sea una transición; el Estado debe proporcionar los medios para que la tecnología este en todos los rincones del país para no caer en un desnivel social donde pocos puedan gozar del acceso tecnológico y sigan atascados en perder tiempo realizando tramites que deberían ser de respuesta inmediata.

Este hecho ha ocasionado un sin sabor entre el administrado y el Estado, ya que por un lado la ciudadanía no cuenta con la tecnología adecuada y el gobierno no tiene como prioridad abordar temas de vital trascendencia como lo es simplificar tramites con apoyo de herramientas de inteligencia artificial. Es ahí cuando el autor intenta vislumbrar los procesos de innovación pública abierta y colaborativa para resolver problemas colectivos junto con la ciudadanía, en este caso con la creación de un software especializado para cada tema que aqueje a la ciudadanía traducido en sus palabras, que la administración sea abiertas y colaborativa, de igual forma, poniendo en marcha la apertura de datos públicos, las nuevas tecnologías sociales y la escucha inteligente de lo que sucede en el entorno, accediendo a la administración públicas pensar en nuevas metodologías para tramitar los procesos de trabajo y la relación con la ciudadanía.

Por esta situación, es novedoso en cuanto a su pertinencia en la materia se refiere. Lo anterior por que marca un punto de vista ignorado hasta su llegada, en el sentido que muestra una lectura de las relaciones de poder donde el ciudadano no tiene un sur ni un norte, y no se organiza para avanzar en los tramites, pero si se quejan diariamente en el transporte público, redes sociales y entre amigos, de acuerdo al autor debe influir la tecnología, el ciudadano y la administración pública trabajando armónicamente, involucrando la gobernanza inteligente en el que hacer del Estado, para poder salir del atraso, aplicando un cambio en la dinámica de simplificación de trámites, acercando al administrado con la administración.

En otras palabras, la manera como Criado ve el valor público es que los proyectos sean capaces de solucionar problemas públicos precisos de una comunidad política especifica, y esto a grandes rasgos pareciera que reta a lo que estamos acostumbrados a ver, por eso es importante cambiar el chip y darle la entrada a este tipo de apoyos tecnológicos que nos facilitaran el día a día.

Así pues, se acerca el final de este acápite, no sin antes desarrollar el concepto que Carles Ramió. (2019) aporta respecto a los procesos tradicionales manifiesta que están permeados de clientelismo y corrupción, por esta razón es una gran oportunidad para implantar un nuevo modelo conceptual que ayude a mejorar la transparencia, con ayuda de una estrategia proactiva, aprovechando la era tecnológica para modernizar la capacidad técnica de las Administraciones públicas y para resolver buena parte de sus dificultades, no solo conceptuales, sino organizativos, con el fin de prestar un mejor servicio público.

2.1 El espejo de secretaria Distrital de Movilidad

En lo que atañe, a la creación de diferentes entidades del sector público, el concejo de Bogotá realizó el acuerdo 257 en el año 2006, fundando la secretaria distrital de movilidad específicamente en el artículo 105 el cual reza "Créase la Secretaría Distrital de Movilidad. La Secretaría Distrital de Movilidad comenzará a operar cuando el Alcalde Mayor adopte su organización interna y planta de personal y una vez sean incorporados los servidores públicos correspondientes"[2], iniciando las labores el 02 de enero del año siguiente con una misión enfocada a la planeación, gestión, desarrollo en aspectos de tránsito y transporte.

Fuente: Evaluación mensual de calidad y oportunidad [3]

La anterior grafica demuestra la mala calidad de atención al usuario, donde solo se le da respuesta al 48% de las peticiones totales radicadas, y esto se debe al poco

---

[2] *Acuerdo 257 de 2006 Concejo de Bogotá, D.C.* (s. f.). https://www.alcaldiabogota.gov.co/sisjur/normas/Norma1.jsp?i=22307&dt=S
[3] *Secretaría Distrital de Movilidad - SDM | Sede electrónica – secretaria general.* (s. f.). https://secretariageneral.gov.co/transparencia-y-acceso-la-informacion-publica/informes-sobre-la-calidad/secretaria-distrital-de-movilidad-sdm

personal capacitado para ejercer las labores, aunado de la rotación de trabajadores por que en su gran mayoría son prestadores de servicios con contratos de duración 3 a 6 meses y al renovar la planta laboral se deben capacitar aproximadamente por un mes para que puedan tomar el ritmo normal de producción, ya que deben manejar bastantes aplicativos, entre ellos Sicon (Intranet, donde se suben diligencias y se consultan tramites internos, como saber el estado de un vehículo y la cantidad de comparendos), Runt (consultivo para tomar pantallazos y saber información de los vehículos), Orfeo (plataforma donde llegan los PQRSD y se responden), al mismo tiempo la carga laboral es exhaustiva porque de entrada asignan los derechos de petición atrasados o vencidos a las personas que van llegando al cargo, aproximadamente 150 PQRSD de bienvenida y luego de esto, 30 a 40 diarios dependiendo la congestión, de la misma forma al funcionario no le aprueban la cuenta de cobro sino tiene los Orfeos al día, lo cual es imposible, notaba en el área de trabajo a mis compañeros con jornadas de 7:00 am a 7:00 pm y fines de semana para poder lograr los objetivos, aun así como habían pocos ayudantes las meta de la entidad no se cumplían, a continuación muestro dos graficas de peticiones donde se evidencian 11381 peticiones vencidas a mes de julio del presente año la cual va en aumento; en diciembre amplia el número porque las personas consumen bebidas embriagantes, hay más comparendos, las personas se vuelven intolerantes por afanes de compras, vistas, viajes entre otros. Por otro lado, estas peticiones que no se responden van a congestionar el aparato judicial con tutelas por vulnerar el derecho a recibir respuestas clara, precisa y congruente[4] por parte de la administración generando una cadena de congestiones y reprocesos en la administración pública.

---

[4] **ACCION DE TUTELA EN MATERIA DE DERECHO DE PETICION-**Procedencia de manera directa por ser derecho fundamental de aplicación inmediata (s/f). Gov.co. Recuperado el 1 de septiembre de 2023, de https://www.corteconstitucional.gov.co/relatoria/2018/t-206-18.htm

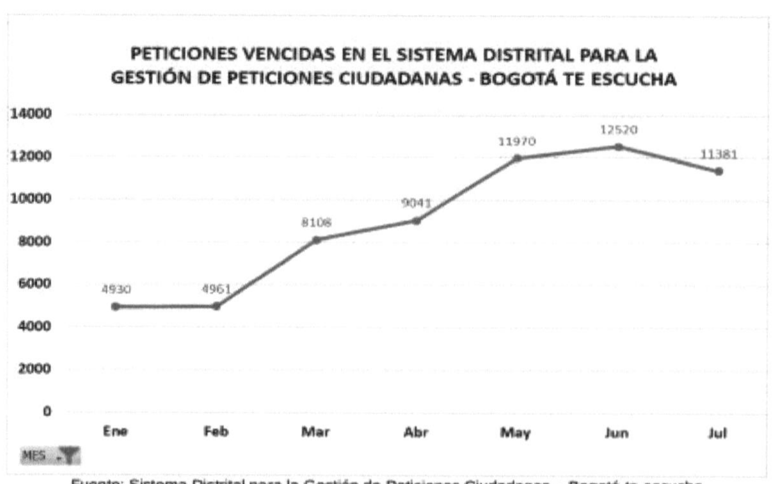

Fuente: Sistema Distrital para la Gestión de Peticiones Ciudadanas – Bogotá te escucha [5]

Lo mismo pasa, con las diligencias que se presentan en impugnación de comparendos, ya que por regla general para que un ciudadano pueda realizar un retiro de un vehículo, el cual se denomina salida de patios, por haber cometido una infracción que amerite inmovilización del rodante, de acuerdo al Código Nacional de Tránsito Terrestre (Ley 769 del 2002); se demora aproximadamente 3, 4 horas o más dependiente la complejidad del procedimiento, también la cantidad de personas que van al centro de servicios a diferentes tramites, como lo son: -impugnación de comparendos, salida de patios, solicitud de caducidades y/o prescripciones,

---

[5] *Secretaría Distrital de Movilidad - SDM | Sede electrónica – secretaria general.* (s. f.). https://secretariageneral.gov.co/transparencia-y-acceso-la-informacion-publica/informes-sobre-la-calidad/secretaria-distrital-de-movilidad-sdm

revocatorias y cursos pedagógicos, muchas veces observe personas que iban varios días a realizar el trámite por que no recibían respuesta ni solución al problema, ya que las autoridades de tránsito manejan diferentes posturas y no tienen lineamientos claros frente a temas determinados como la chatarrización de un vehículo, ya que unos confieren la autorización de sacar el vehículo con compromisos, y otros indican que se debe renovar por otro más nuevo, ordenando desintegrar el mismo, temas que con la ayuda de la IA se pueden resolver ajustando aristas que encaminen las mismas posturas para casos similares.

6

---

6 El Espectador. 14 de junio del 2023. Caos en secretaria de Movilidad de Bogotá por error en la asignación de citas. https://youtu.be/37Z-9xI6jBo?si=Z9P8D9vORbZJzGCJ

7

Como se puede evidenciar en las imágenes que preceden es inaudito el tiempo de espera de la ciudadanía para realizar un trámite, sin contar los desplazamientos, y permisos que deben pedir para asistir a dichas diligencias, en este caso fallo el sistema de agendamiento de citas generando el caos a las afueras de la secretaria, pero no solo ese día se ve esa cantidad de gente, esa es la regla general del

---

7 El Espectador. 14 de junio del 2023. Caos en secretaria de Movilidad de Bogotá por error en la asignación de citas. https://youtu.be/37Z-9xl6jBo?si=Z9P8D9vORbZJzGCJ

ciudadano la diferencia es que acomodaron un espacio para hacerlos seguir y no se vea la montonera afuera sino al interior de la entidad.

Según la Dirección Distrital de Servicios donde se realizó el estudio y las gráficas se determinó la siguiente observación:

"Según los hallazgos Los requerimientos, no cumplen con el criterio de oportunidad, puesto que las respuestas se emitieron fuera de los términos establecidos en la normatividad vigente. Los requerimientos no cumplen con el manejo del sistema, puesto que las publicaciones de las respuestas en el aplicativo fueron extemporáneas. La entidad debe subir al sistema las respuestas dentro de los días establecidos por la ley para dar respuesta al requerimiento, como se establece en el numeral 5.2 Generalidades del registro de Peticiones del Manual para la Gestión de Peticiones Ciudadanas"[8]

Así las cosas, es necesario cambiar esta metodología de atención al ciudadano y los tramites que desarrollan, ante todo, deseó implementar el uso de tecnología virtual (metaverso) con ayuda de la IA en la secretaria Distrital de Movilidad. En primer lugar, los objetivos están encaminados en mejorar la satisfacción del servicio al usuario, en segundo lugar por añadidura se terminarían las estafas promovidas por los llamados "jaladores" los cuales están a las afueras de la entidad cazando incautos, los cuales por regla general estafan a las personas con cobros que oscilan entre los $50.000 y $150.000 pesos, cuando se trata de foto comparendos, y pueden llegar hasta $10.000.000 millones de pesos si se trata de una infracción por embriaguez grado III, ya que la pena máxima al no dejarse tomar el ciudadano en vía la prueba o

---

[8] Secretaría Distrital de Movilidad - SDM | Sede electrónica – secretaria general. (s. f.). https://secretariageneral.gov.co/transparencia-y-acceso-la-informacion-publica/informes-sobre-la-calidad/secretaria-distrital-de-movilidad-sdm

negarse a la misma, está acarrea una multa cercana a los $46.000.000 millones de pesos, esto en dólares es aproximadamente $9517.42.

En pocas palabras para que un ciudadano colombiano pueda pagar este tipo de sanción debe ahorrar un salario mínimo legal vigente por 46 meses, no obstante el objetivo principal del segundo tema es terminar con los estafadores a las afueras de Secretaria de Movilidad, este es un problema que lleva lidiando la Secretaria desde que se fundó, han tratado de realizar estrategias con acompañamiento de policía o vigilancia de funcionarios pero estos han sido amenazados y por seguridad decidieron continuar con ellos alrededor de las instalaciones, de cualquier manera la solución permitiría un mayor recaudo de ingresos a la entidad, ya que el ciudadano accedería a los cursos pedagógicos para obtener beneficios como lo es el 50% de la reducción de la multa, si el peticionario durante los 5 días siguientes a la imposición del comparendo adelanta el curso, que consiste en una capacitación para que no incumpla el código de tránsito por un lapso de dos horas. En la actualidad para acceder a este beneficio el ciudadano debe de asistir de forma obligatoria para realizar el curso, generando congestiones en la entidad y aquí es donde aprovechan los externos para persuadir al administrado prometiendo eliminar comparendos o sanciones por sumas de dinero, manifestando que tienen conocidos al interior del estamento estatal.

En todo caso los "jaladores" no tendrían espacio para seguir obteniendo ingresos de los ciudadanos por que los tramites se realizarían desde casa en su gran mayoría.

Actualmente la secretaria de Movilidad de Bogotá es una de las entidades que tiene mayor recaudo, de acuerdo con la cantidad de vehículos transitando e incumpliendo el código nacional de tránsito, pero el buen trato no se observa porque existe sobre carga laboral con los empleados y la cantidad de personal no es suficiente versus la cantidad de ciudadanos que llegan enojados a buscar pronta solución a la situación de su vehículo. Dicho lo anterior es necesario cambiar el escenario y trasladarlo al campo virtual, economizando tiempos de traslado de los ciudadanos, gestión que se podrá ejecutar desde casa o lugar de trabajo, a su vez las personas no podrán ser estafados con la falsa información que brindan los "jaladores".

Seguidamente los mecanismos empleados para dar respuesta a las solicitudes se realizan a través de plataformas de correspondencia, donde cada solicitud tiene un numero de radicado y una fecha límite para responder el trámite, así funciona actualmente en Secretaria de Movilidad, el inconveniente es que las solicitudes son masivas y las personas encargadas de asignar las peticiones al interior de la entidad no lo hacen bien, hago dicho afirmación porque en la gran mayoría se debía de reasignar las peticiones a los grupos correspondientes muchas veces una solicitud pasaba por hasta tres áreas diferentes superando los términos de respuesta. La solución a esta problemática es virtualizar con ayuda de la inteligencia artificial, para que las solicitudes se agrupen y se envíen al área correspondiente, a su vez recoger mayor información al momento de radicar la petición para no generar equívocos y se pueda trasladar fácil al área encargada del asunto, de igual forma automatizar las respuestas a los derechos de petición a preguntas similares para ayudar a descongestionar donde el funcionario pueda evidenciar datos personales como nombre, cédula, placa de vehículo y comparendo para aprobar el envió de la respuesta.

En este caso, se pretende conocer y escuchar al administrado, ya que estos son sumamente importantes para que exista un intercambio comunicacional en beneficio de la atención al ciudadano atendiendo las respuestas con lineamientos de satisfacción, percepción y calidad.

En consecuencia, cada trimestre en las entidades se puede emplear un foro virtual, donde la comunidad aporte, controvierta ideas para generar una satisfacción de la ciudadanía en la creación de reglamentos o actividades que se ejecuten en pro de la administración.

De modo idéntico, la etapa del ciclo presupuestal se puede encasillar al interior de Secretaria de Movilidad para diagnosticar bien el inicio y terminación de los contratistas en la vigencia de comienzo de año, porque se hacen contratos de 3 o 6 meses, y mientras se realiza adición o contrato nuevo, en vigencia del año siguiente, quedan cargos sin ocupar, afectando la prestación del servicio a la ciudadanía, y saturando de trabajo a los que les realizan adición, teniendo en cuenta que la comunidad presenta atrasos para poder realizar el trámite de salida de vehículo en fechas de diciembre y enero (fechas de terminación de contratos) aumenta un 45% el tiempo de espera, en muchas veces deben asistir al siguiente día y estar antes de la apertura del establecimiento para poder alcanzar a realizar el trámite correspondiente, de manera que es importante introducir un proyecto de presupuesto donde se impulse la inteligencia artificial, que siempre tenga la entidad desarrolladores de software que estén pendientes de los algoritmos, y no se presenten estos espacios de tiempo e incertidumbre, donde los afectados son los funcionarios por el aumento de la carga laboral y los ciudadanos que deben esperar el doble del tiempo establecido para realizar su gestión.

En suma, el concepto de servidor público y/o directivo público, introducido en la Constitución de 1991, incluye a todas las personas que están al servicio del Estado y de la comunidad, para recordar, con esta expresión, que el ejercicio del poder público tiene como razón de ser el logro de los fines de la sociedad y del Estado y no el beneficio personal. Es decir, servidor público es toda persona que está al servicio del

Estado y ejerce "función pública" en sus diversas modalidades[9]. Estas conductas están determinadas por los conocimientos, destrezas, habilidades, valores, actitudes y aptitudes que debe poseer y demostrar el servidor público en el ejercicio de su labor.

Los Directivos de cambio inspeccionan la implementación de lo que se puede avanzar en una organización. Ellos son los que se encargan que la nueva estrategia tecnológica, se realice y cumpla a cabalidad, ya que tienen la potestad de generar cambios en una organización, para el caso concreto la secretaria de Movilidad Deyanira Ávila Moreno es ingeniera catastral y geodesta titulada de la Universidad Distrital Francisco José de Caldas; con posgrado en Gestión Ambiental Urbana de la Universidad Piloto de Colombia, a su vez es auditora en Seguridad Vial del WRI y auditora interna en Sistemas de Gestión de la Calidad ISO 9001:2015, con una trayectoria de 10 años en el sector tránsito y transporte ocupando cargos como directora de Planeación de Movilidad, asesora de Despacho y subdirectora de la bicicleta y el peatón.

De los cuales más de 10 años le ha dedicado al Sector Movilidad, fue directora de Planeación de la Movilidad, asesora de Despacho y primera subdirectora de la Bicicleta y el Peatón en la Secretaría de Movilidad,[10] en el año 2019 Bogotá ocupo el

---

[9] Régimen del servidor público. Recuperado el 1 de agosto de 2023, de http://www.esap.edu.co/portal/wp-content/uploads/2017/10/2-Regimen-del-Servidor-Publico.pdf)

[10] Moreno, D. Á. (2022, 23 de agosto). *Deyanira Ávila Moreno, nueva Secretaria Distrital de Movilidad*. Bogotá.gov.co; Deyanira Ávila Moreno, nueva Secretaria Distrital de Movilidad. https://bogota.gov.co/mi-ciudad/gabinete-distrital/nueva-secretaria-de-movilidad-de-bogota-deyanira-avila-moreno

puesto 12 del índice de copenhagenize del top 20 mundial, siendo la capital con mejor calificación.

También obtuvo para Bogotá el reconocimiento en los 5th Guangzhou Award, concurso a la innovación en temas de urbanismo como una de las 30 ciudades destacadas, efectuando ciclo vías temporales, en el año 2021.

Así mismo, esta directiva con el trayecto y experiencia que tiene es dable que se articule lo que se desarrollara en este trabajo final de master, donde se implemente una herramienta de IA en la secretaria de movilidad para que después se expanda a todas las entidades del Estado, llegando al punto de que el administrado no tenga que perder tiempo en tomar transporte, hacer fila y exponerse a riesgos en la calle como podemos observar de acuerdo a lo expuesto por la Defensoría del Pueblo, "a través de 19 oficios de consumación y las Alertas Tempranas 010-21 y 005-22, la ciudad se encuentra en riesgo permanente, distintas bandas delincuenciales se están disputando el control de territorios y de economías ilegales"[11] en diferentes localidades de Bogotá por ello, al ser virtual el proceso prevenimos el actuar de estas bandas delincuenciales, en el sector de trámites, conllevando descongestionar las vías de la capital mejorando el traslado de los ciudadanos, al no usar el transporte público o servicio particular, esa es una de las grandes ventajas de empezar este tipo de proyectos, que a futuro donde se implemente en toda la ciudad, no serán 11381 personas inconformes al no tener respuesta de sus peticiones en secretaria de

---

[11] *¡Bogotá en peligro: ¡el aterrador repunte de la inseguridad en el primer semestre del 2023!* (s/f). Gov.co. Recuperado el 13 de septiembre de 2023, de https://concejodebogota.gov.co/bogota-en-peligro-el-aterrador-repunte-de-la-inseguridad-en-el-primer/cbogota/2023-07-14/165454.php

movilidad, ya que el panorama se puede abarcar a nivel ciudad, generando legitimidad y tranquilidad por parte de los ciudadanos

En síntesis, la secretaria de movilidad puede ser una agente de cambio jugando un papel significativo, ya que puede pasar de un extremo a otro el comportamiento del núcleo dela entidad, animando a las personas a tener pensamientos positivos sobre un tema específico, ofrecen diferentes formas de pensar para actuar en determinado contexto siguiendo parámetros en pro de la organización, que para el caso concreto es sistematizar la recepción de PQRSD, la distribución interna, respuestas iguales a casos similares como por ejemplo el ciudadano que solicita prescripción o caducidad de un comparendo, a su vez que no se realicen impugnaciones ni salidas de patios de forma presencial y todo se realice de forma electrónica donde manipulen los algoritmos para que cuando la persona radique una impugnación se cree una carpeta en la nube donde se realice el trámite administrativo sancionador, como es la apertura del proceso, pruebas, alegatos y por último el fallo el cual los empleados de la secretaria pueden ahorrarse los pasos en mención y dedicarse a realizar los fallos únicamente, estos se pueden notificar de forma electrónica con la autorización previa de las partes.

En el Libro blanco[12] sobre la inteligencia artificial se identificaron varios aspectos y uno de ellos, es que tiene un alto impacto en nuestra sociedad, ya que abarca una cadena de acciones que sirve para facilitar las tareas toda una comunidad, a su vez tiene aplicación en el sector público, especialmente en los medios de transporte, entre otros, resaltando una reducción de los costos de la operación

---

[12] LIBRO BLANCO sobre la inteligencia artificial - un enfoque europeo orientado a la excelencia y la confianza Recuperado el 1 de agosto de 2023, de https://eur-lex.europa.eu/legal-content/ES/TXT/PDF/?uri=CELEX:52020DC0065

administrativa, pero es importante que esto suscite confianza, ya que se habla de algo novedoso, que la gente no está acostumbrada a vivir con ello, estos deben emitir seguridad; asimismo es importante una regulación que enmarque los parámetros y limites que tiene la inteligencia artificial aplicada a la atención ciudadana, respetando los derechos fundamentales de cada individuo.

Otro aspecto es que los ciudadanos tienen el temor de no tener defensa al momento de resguardar sus derechos y su seguridad frente a los desequilibrios que puedan resultar de los algoritmos que los aplicativos puedan presentar; si bien es cierto que la inteligencia artificial se puede utilizar para prestar seguridad a la sociedad y ostentar que sus derechos fundamentales no sean vulnerados, no obstante, por ello es importante regular los procedimientos ajustando constantemente los parámetros, avanzando en la mejora sistemática para dar tranquilidad a la ciudadanía.

Es conveniente utilizar un software para medir el desempeño al interior de secretaria de Movilidad con el fin de ser precisos y objetivos, ya que el factor humano puede alterar los resultados, y en un país como Colombia, por el hecho de ser un amigo, un recomendado, o por criterios externos al entorno laboral puede variar el desenlace, con el fin generar llamados de atención por temas del pasado que hayan sucedido entre el evaluador y el evaluado. Por lo tanto, un software entregaría información limpia, ordenada, generando un histórico en el tiempo, sin prejuicios del ser humano, logrando identificar, las debilidades de los empleados, y como poder mejorar la productividad de este; teniendo en cuenta que cada persona es distinta este tipo de programas me parecen adecuados para poder resaltar las debilidades del trabajador. Aparte al contar con este tipo de programas se puede personalizar la información recolectada, generar estadísticas y medir la trayectoria de un trabajador de forma inmediata, contrario al sistema manual que no es preciso, aun así el personal encargado de talento humano puede estar incapacitado, puede también dejar las llaves del cajón donde tiene las evaluaciones de desempeño en la casa, mil excusas más para no tener la información en tiempo real, dificultando con esto el desarrollo de tomar decisiones en momentos que la entidad lo requiera.

2.1.1 Historia y evolución de la IA

Dentro de la literatura en la historia y evolución en el asunto en cuestión, Luis Eduardo Munera, doctor de la universidad Politécnica de Madrid, afirma que desde que éramos *homo sapiens*, inicia la inteligencia artificial con las facultades intelectuales, posteriormente evidenciamos la primera narración escrita en el libro la *Iliada* en el año 750 a.C aproximadamente, donde se narró "la escena de la madre de Aquiles en el taller o fragua de Efestos, que es en sí mismo un laboratorio de aquella época, lleno de automatismos y se cuenta que el Dios que tenía los pies deformes, para poder caminar era ayudado por dos robots femeninos de oro macizo y que tenían inteligencia"[13]

A mitad del siglo 19, la matemática Ada Lovelace, creó el primer algoritmo destinado para ser implementado en una máquina, asentando las bases de la computación. Ada contempló que la creación "podría actuar sobre otras cosas además de los números... el motor (la máquina) podría componer piezas musicales elaboradas y científicas de cualquier grado de complejidad o extensión".[14] Años más tarde, el punto de vista de Ada fue una realidad gracias a la Inteligencia Artificial (IA).

De otro modo, el momento fundacional de la "inteligencia artificial", se desarrolló en un campo de estudio, en el año 1956 es una conferencia en Darmouth Estados

---

[13] Munera Salazar, L. E. (2000). *Principios de Inteligencia Artificial y Sistemas Expertos*. Cali, Colombia: Universidad Icesi

[14] Gutiérrez, AAC (2018). *Historia y evolución de la inteligencia artificial*. https://revistasdex.uchile.cl/index.php/bits/issue/view/217

Unidos, la cual se organizó por John McCarthy, Marvin Minsky, entre otros, denominados pioneros de la IA. Cuatro de los asistentes fueron galardonados con el premio Turing (Premio Nobel de informática) por sus tributos a la inteligencia artificial. Una idea común entre los asistentes es que el pensamiento es una forma de computación no exclusiva de los seres humanos. Entonces, existe la hipótesis de que la inteligencia humana es posible de simular en máquinas.

Es apropiado al acertar que a través del tiempo se debe regularizar y acoplar la inteligencia artificial a la sociedad para que nos facilite las tareas diarias, que para el caso concreto se debe enfocar en la atención al ciudadano en la administración pública. Inicialmente en cada época, imaginar que la tecnología era algo más que *cosas*, podía ser una mera ficción; Hoy la idea que son más que herramientas que nos pueden ayudar al diario vivir.

Positivamente, el pensamiento egoísta de nuestro Estado es lo que atrasa a una civilización que trata con seres humanos, pero ¿qué hay de los entes inmateriales que tienen personalidad jurídica? Secretaria de movilidad, alcaldías locales, entes administrativos o el Estado mismo, son un ejemplo de que la modernidad exige hacerlos como parte autónoma en procesos que requieran ejercer deberes y derechos propiamente con ayuda de las nuevas tecnologías.

Para el caso de la IA, estos preceptos se unen en uno sólo: el deber y derecho de existir y conservarse. Un deber de existir que es ejercido de manera nativa como escenario de armonía entre el ser humano con los cambios tecnológicos, y un derecho que se traduce en el beneficio de coexistir sin mayores mediaciones.

Ahora bien, se debe abrir los escenarios especializados que determinen la ayuda a la población, vemos que en la actualidad necesitamos mejorar la prestación del servicio a los citadinos y la mejor opción es con ayuda de tecnología que clasifique tramites, oriente, y solucione lo más pronto posible las problemáticas, como enunciare más adelante cada persona se demora aproximadamente 7,4 horas para realizar una diligencia.

En suma, es una cuestión de apoyo y convivencia. Así como las personas se adjudicaron derechos para sí, de la misma forma la tecnología lo merece por el solo hecho de existir y ser una forma que nos acompaña en la vida, solo que se debe reglamentar.

Dogmáticamente suena esto maravilloso, pero llevándolo a la práctica resulta más complejo de lo que parece. Es aquí cuando se pregunta, ¿cómo usar máquinas en el sector público, en favor de los ciudadanos? la posición radica en que el Estado no le ha prestado la verdadera importancia ni la destinación de recursos que ello requiere.

Ya existen personas naturales y jurídicas, ahora es momento de nombrar a la inteligencia artificial como un sujeto más, ya que este se ha desarrollado a través de la historia. No obstante, es evidente que ella sola no se puede acercar a un Estado y exigir que lo implementen. Es un tema de compromiso con el país para que escale, volviéndose más competitivo, por lo menos bajando el índice de espera en los tramites cotidianos de los ciudadanos, cifra que expide el banco Interamericano de Desarrollo.

Teniendo un poco más clara la forma de cómo se integra la información, se mostrará el área de aplicación, reconocer personalidad jurídica analizando la realidad. Para ello se examinarán los casos, conceptos y razones que llevaron a fundar decisiones - al parecer que apunten a la utilización de medios que ayuden a resolver problemas cotidianos en la administración pública.

2.1.2 Áreas de aplicación en la IA

Este capítulo estará destinado a mostrar los diferentes sistemas de la IA y cual nos sirve para abarcar la problemática.

Lenguas naturales: se enfoca en traducción de idiomas la cual permite ondear con una base de datos con un sistema operativo y ser amigable con el usuario.

Sistemas expertos: En este campo la información se basa en personal cualificado y es lo más cercano a la realidad.

Robótica: Movimientos de robots como por ejemplo una mano robótica o de ensamblajes.

Problemas de percepción: Reconocimiento de patrones en objetos y comandos de voz o defectos en piezas.

Aprendizaje: Modelización de conductas para su posterior implantación en computadoras.[15]

De este modo, el sistema que nos beneficia es el experto porque su programa va a dirigirse por personal calificado e indicara al software los diferentes caminos que tiene el ciudadano en cada estamento del Estado, y así programar el montaje de posibilidades, mediante inteligencia artificial clasificando la tarea de forma eficaz, un ejemplo de aplicación se puede poner en práctica en Secretaria de Movilidad, al mes se hacen en la capital, Bogotá 28.964 comparendos[16], por infringir las normas de

---

[15] Alfonso Galipienso, MI, Cazorla Quevedo, MA, Colomina Pardo, O., Escolano Ruiz, F., & Lozano Ortega, MA (2003). *Inteligencia artificial: modelos, técnicas y áreas de aplicación*. Ediciones Paraninfo.
[16] Fedemunicipios, P. (2022, 29 de abril). *90.741 comparendos se impusieron a nivel nacional en el mes de abril*. Federación Colombiana de Municipios. https://www.fcm.org.co/90-741-comparendos-se-impusieron-a-nivel-nacional-en-el-mes-de-abril/

tránsito que son alrededor de 120 tipificadas en la Ley 769 del 2002, se puede descongestionar el Supercade de calle 13 (lugar donde realizan los cursos para adquirir descuentos por comparendos si se presentan en los 5 primeros días después de impuesto el comparendo, o si la persona desea impugnar los comparendos por estar en desacuerdo, también el trámite de salida de vehículo de patios, cuando inmovilizan un carro por poner en peligro los actores viales). En este lugar se aglomeran más de 500 personas al día, haciendo filas interminables para poder realizar algún trámite en mención al ser un trabajo manual, es dispendioso porque se debe atender uno a uno y el personal que colabora no alcanza para tanta gente. Al contrario, si se utiliza IA se podría automatizar por comparendo, para que accedan a los cursos, de forma rápida, y expedición de actos administrativos que den el permiso de sacar el vehículo de forma fácil con preguntas de seguridad que solo sepa el propietario, para evitar pérdidas de los vehículos, ya que este es uno de los mayores riesgos que aqueja la entidad, después de esto pasamos a la impugnación de comparendos, que se puedan realizar de forma virtual pero que la audiencia sea realizada por bots, para descongestionar el sector, ya que se debe garantizar el debido proceso y aportar pruebas por parte del interesado. Además de ayudar con la prestación del servicio en la administración pública al ciudadano, también ayudaría a descongestionar parte de la ciudad por que todas las personas deben dirigirse de forma personal para realizar un trámite, y si esto se implementa en todos los sectores podremos evidenciar una disminución de trancones mejorando el flujo vehicular, ya que nuestra ciudad es la cuarta peor en tráfico vehicular[17] en todo el mundo, sin contar los constantes peligros a los que nos enfrentamos los ciudadanos.

---

17 Bogotá es la cuarta ciudad del mundo con el peor tráfico vehicular según Traffic Index . (s/f). Diario La República. Recuperado el 10 de junio de 2023, de

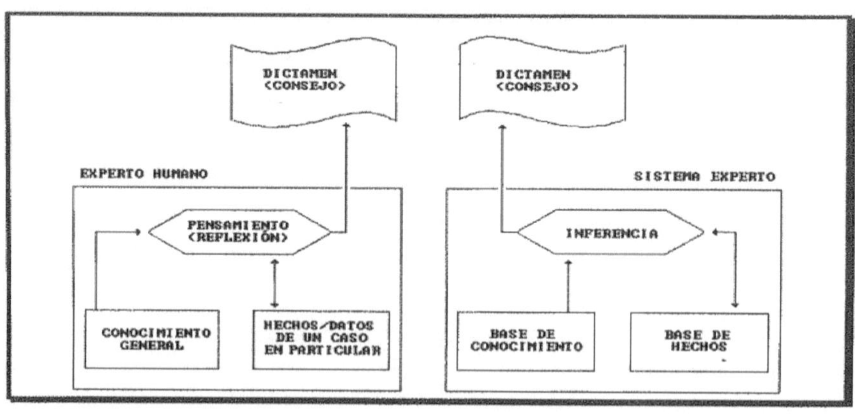

18

Este sistema informático incorpora funcionalmente el conocimiento de un humano experimentado, permitiéndole responder, explicar y justificar sus contestaciones. Esto, como todas las definiciones nos da una idea. Básicamente, lo que obtiene un sistema experto es una combinación de conocimiento humano. Más precisamente, para resolver problemas de manera inteligente, todo lo que necesitamos hacer es imitar la forma en que las personas resuelven los problemas, aplicándolo en un software que dará solución a los hechos que se presenten.

---

https://www.larepublica.co/globoeconomia/bogota-cuarta-ciudad-en-el-mundo-con-el-peor-trafico-vehicular-segun-nuevo-ranking-3325102

[18] AMADOR HIDALGO, Luis. *Inteligencia artificial y sistemas expertos*. Universidad de Córdoba, Servicio de Publicaciones, 1996.

Por lo tanto, un sistema experto puede resolver un problema en un área de conocimiento particular de la misma manera que lo resolvería un profesional en determinado campo. Los primeros sistemas creados fueron esencialmente sistemas de diagnóstico en medicina, capaces de determinar cómo lo haría un profesional médico. Si te preguntas por qué llegaste a esta conclusión, este debe argumentar y explicar la respuesta.

"Las áreas de aplicación de los sistemas expertos están agrupadas por tipos de problemas que serían básicamente: interpretación, predicción, diagnosis, planificación y control"[19].

Lo anterior, es lo necesario para poder dar trámite a las problemáticas que se están presentando actualmente en todas las entidades del Estado Colombiano para el sistema que ayude a la toma de decisiones. Seguidamente, muestro un cuadro comparativo de la IA y la inteligencia natural.

---

[19] Munera Salazar, L. E. (2000). *Principios de Inteligencia Artificial y Sistemas Expertos*. Cali, Colombia: Universidad Icesi

Cuadro 1.1   COMPARACIÓN INTELIGENCIA ARTIFICIAL-INTELIGENCIA NATURAL.

INTELIGENCIA ARTIFICIAL	INTELIGENCIA NATURAL
RASGOS COMUNES	
*Se acrecienta con la experiencia *Obsolescencia y empobrecimiento por falta de uso	*Se acrecienta con la experiencia *Obsolescencia y empobrecimiento por falta de uso
ASPECTOS POSITIVOS	**ASPECTOS NEGATIVOS**
*Suele estar bien documentada. Se puede reproducir y transmitir con facilidad *Posibilidad de acumular conocimiento permanentemente *Es consistente *Perdura tras la desaparición de la persona *Coste razonable	*Documentación escasa *No resulta fácil su transmisión *Es efímera y no permanente *Es irregular *Desaparece con la persona *Coste alto
ASPECTOS NEGATIVOS	**ASPECTOS POSITIVOS**
*De forma general no es creativa *No forma parte de la cultura general de una persona	*Es creativa *Forma parte de la cultura general de una persona

20

2.1.3 Reconocer la personalidad jurídica que tiene la IA

Para comenzar, es preciso señalar la naturaleza jurídica de los sistemas de inteligencia artificial ha sido un tema muy debatido. Para examinar la cuestión jurídica, nuestras leyes, especialmente en el código civil colombiano en los artículos 73,74 y 633 distinguen entre una persona natural y una persona jurídica. Las características personales incluyen: edad, sexo, que provenga de un ser humano o condición. Por otro lado, las características de las personas jurídicas son: personas ficticias de dos tipos, corporaciones o empresas y fundaciones de beneficencia pública. La personalidad jurídica involucra que estas entidades son capaces de ejercer derechos

---

[20] AMADOR HIDALGO, Luis. *Inteligencia artificial y sistemas expertos*. Universidad de Córdoba, Servicio de Publicaciones, 1996.

y contraer obligaciones, así como de ser representadas en un escenario judicial y extrajudicialmente.

Cabe la pregunta, ¿es viable que un mecanismo de IA aplicado a la administración pública este dotado de los atributos en mención? Los procedimientos de IA tienen, por regla general, la capacidad de interactuar; una lectura de la parte exterior; y se encuentran dotados de un grado de independencia a su vez es espontaneo. Aparte, ¿es posible conceder un reconocimiento legal, a los sistemas de inteligencia artificial por tener las anteriores características?, para dar respuesta a este interrogante debemos pensar si el software que se implementara para ayudar a la ciudadanía en tramites automáticos pueden ejercer derechos y contraer obligaciones, considero que no, solo son herramientas que tendrían una protección de propiedad intelectual, al crear ese mecanismo de ayuda para la prestación del servicio público. Un ejemplo de esto, es adquirir la licencia de Windows para los computadores de una entidad, donde se debe pagar anualmente una membresía para que siga funcionado y realizando las actualizaciones que den a lugar, esto se puede trasladar a la administración con procedimientos sistematizados que orienten, ayuden y solucionen las problemáticas de los citadinos, organizando la información de forma precisa, ya sea desde una aplicación tecnológica o directamente en la institución.

El tema de otorgar una personalidad jurídica es a futuro y frente a otro tema como los robots que se asemejan a los humanos y puedan ocasionar cosas positivas como negativas, y quieren categorizar con el nombre de personalidad electrónica para fijar responsabilidades civiles por el daño que se pueda generar producto del uso de estos elementos.

Para mayor comprensión, NIEVA FENOLL[21], de forma enfática, estima que no puede hablarse de la creación de una personalidad electrónica en materia de atribución de responsabilidad. Difícilmente se puede poner como responsable a un robot dado que no es un ser sintiente. Así las cosas, la responsabilidad incurre en el creador o el programador del robot.

Un ejemplo actual del reconocimiento de derechos de esta clase a los robots y sistemas de IA más avanzados lo encontramos en Arabia Saudita donde se concedió ciudadanía honoraria a "Sophia" [22], la cual ha sido entrevistada en diferente parte del mundo, se denominó un humanoide con motor de inteligencia artificial.

En síntesis, el reconocimiento de la personalidad jurídica de las IA es un tema de discusión y podría desarrollar en el futuro, actualmente la mayoría de los sistemas normativos no otorgan personalidad jurídica a las IA.

2.1.4 Lineamiento jurisprudencial sobre la IA

En este año un juez de Cartagena realizó un fallo con ayuda de ChatGPT en favor de un niño autista, la conclusión de la orden fue la exoneración de pagos por traslados, y procedimientos que le tuvieron que hacer al menor, porque la madre no contaba con los recursos necesarios para solventar los tratamientos. Desde ese momento, germinó un debate sobre la utilización de IA en los juzgados, obteniendo poca acogida por parte del sector porque la plataforma que se utilizó es algo que no

---

[21] NIEVA FENOLL, J., Videoconferencia: "Inteligencia Artificial y Proceso Penal", Universitas Fundación, 22 de julio de 2020. Recurso online: https://www.youtube.com/watch?v=5BrCNVTPp0o.
[22] BBC Mundo Tecnología. (2017, 30 de octubre). *Sophia, la robot que tiene más derechos que las mujeres en Arabia Saudita.* https://www.bbc.com/mundo/noticias-41803576.

está regulado, y se están debatiendo derechos ciertos y discutibles, más aún sobre un menor.

En épocas de pandemia, gracias al decreto 806 de 2020, y posterior ley 2213 de 2022 se adoptaron medidas para implementar las nuevas tecnologías en las actuaciones judiciales, con el objetivo de activar los procesos y adaptar la atención a los usuarios del servicio de justicia, pero esto se resumió a realizar audiencias virtuales y tener los mecanismos tecnológicos para presidir las diligencias.

En el derecho penal, la Inteligencia artificial se puede utilizar para analizar grandes bases de datos y ayudar como una herramienta a los jueces para que tomen decisiones, mas no para que se basen en ellas. Los sistemas de IA pueden examinar fuentes del derecho, jurisprudencia, reciente que trate temas similares al caso concreto, testimonios, pruebas empleadas, doctrina, informes entre otros, para colaborar a los jueces a valorar la responsabilidad de un imputado.

Ademas, para el tema que nos aboca traeremos la definicion entregada por la Comision Europea:

"El termino inteligencia artificial (IA) se aplica a los sistemas que manifiestan un comportamiento inteligente, pues son capaces de analizar su entorno y pasar a la accion-con cierto grado de autonomia-con el fin de alcanzar objetivos especificos"[23]

Así, como en la justicia se ha empleado la inteligencia artificial, se puede desarrollar herramientas para mejorar la atención al ciudadano, en cualquier entidad que logre clasificar la información en cuestión de segundos, en temas que un

---

[23] COMISION EUROPEA. *Inteligencia artificial para Europa*. COM (2018) 237 final, de 25.4. 218.DOUE{SWD (2018) 137 FINAL}. 2018, p.1.

funcionario se puede tardar varios minutos, a parte no existe tanto personal para tantos servicios, esto se puede solucionar mediante aplicaciones o computadores en el estamento público.

2.2 Algoritmos y modelos utilizados en la IA

Según la Rae el algoritmo es un conjunto ordenado y finito de operaciones que permite hallar la solución de un problema"[24].

Usamos inteligencia artificial todos los días y, a menudo, no nos damos cuenta. Por ejemplo, cuando le pedimos a una plataforma tecnológica que programen una alarma para el día siguiente para asistir a una reunión o cuando desbloqueamos un celular con ayuda del reconocimiento facial. Los algoritmos dan subsistencia a estas interesantes herramientas. En suma, los algoritmos son instrucciones nivel a nivel que ayudan a una computadora a realizar cálculos. De esta forma, la inteligencia artificial utiliza notaciones para crear dispositivos que aprenden de la experiencia, se adaptan a nuevas situaciones y realizan tareas como lo haríamos cualquiera de nosotros.

El uso de algoritmos en la actividad administrativa, se reconduce completamente al marco de la legitimidad. Así en cuanto a los procedimientos administrativos de carácter «masivo» o serial, la consideración de recurrir a una decisión automatizada, para contribuir a agilizar los procedimientos y garantizar su exactitud y la previsibilidad de los resultados, hace tiempo que fue aceptada (Vaccari, 2019). La jurisprudencia italiana ha aceptado la opción de apelar a soluciones mecánicas de decisión en caso de instrucciones repetitivas sin margen de

---

[24] rae. (2023). algoritmo. https://dle.rae.es/algoritmo.

discrecionalidad, y de hecho a veces era favorable a recurrir a soluciones «automatizadas». [25]

Una de las ventajas de los sistemas y algoritmos aplicados a la administración pública, es que difícilmente se pueden ver permeados por corrupción y son objetivos imparciales especialmente en la realización de operaciones consecutivas, esto ayudaría al Índice de Percepción de la Corrupción 2020[26] de Transparencia Internacional, ya que Colombia obtuvo una calificación de 39 puntos sobre 100, y ocupa la posición 92 entre 180 países evaluados.

Y es que incluso cuando en virtud de la ley deben reconocérsele ciertas categorías de derechos de propiedad intelectual a las personas jurídicas, se habla de titularidad de derechos derivada o secundaria,14 pero la originaria corresponde siempre a una persona natural o física: "el autor". Y es autor la persona que concibe y realiza alguna obra literaria o crea y ejecuta alguna artística. Así que, efectivamente, si se considera que el algoritmo de IA es "objeto" y no sujeto de derecho, bajo la legislación actual no puede atribuírsele la categoría de autor.

Estos proyectos son una nueva forma de expresar la creatividad del humano, como se ha dicho, en la actualidad se tienda a humanizar las capacidades de la máquina; esta produce porque se destinó para poder hacer lo que se le ordena. En definitiva, eternamente hay un humano en alguna de las tareas que se hacen para que el algoritmo logre el resultado deseado. Así pues, se ajusta con Ríos Ruiz (2001), quien hace casi dos décadas advertía que los productos de la IA (que puedan calificar como obras) no deben entrar en el dominio público, porque en ellos es posible

---

[25] Carloni, Enrico. «IA, algoritmos y Administración pública en Italia». *IDP. Revista de Internet, Derecho y Política*, 2020, n.º 30, https://doi.org/10.7238/idp.v0i30.3228.
[26] Etiqueta: índice de percepción. (2020). Etiqueta: índice de percepción. https://transparenciacolombia.org.co/tag/indice-de-percepcion/.

determinar uno o varios eventuales titulares, que serán las personas que realizan los ajustes necesarios para la creación del trabajo y el resultado final arrojado por el dispositivo.[27]

2.2.1 Analizar la realidad

En concordancia con BENITEZ, Raúl el objetivo de la IA es "emular algunas de las facultades intelectuales humanas en sistemas artificiales"[28], y es el proyecto que buscamos emular la mano de obra de las entidades mejorando la prestación del servicio, acortando el tiempo de espera de los ciudadanos que es alrededor de 7,4 horas[29], por tramite con ayuda de una herramienta tecnológica basada en IA encasillaría el tema a tratar del citadino, dándole respuesta de forma inmediata, incluso hasta sin salir de casa, ahorrando dinero para trasladarse, el tiempo en mención, también ayudando en temas de seguridad porque no estaría la persona disponible al delincuente ni al tramitador que se encuentra a las afueras de las entidades cobrando sumas de dinero por colarse en el fila de atención o indicando que adelanta los tramites, gracias a un amigo que se encuentra de funcionario, a continuación muestro una tabla de las horas que se gasta una persona realizando un trámite por país.

---

[27] Michelle Azuaje Pirela. (2020). Protección jurídica de los productos de la inteligencia artificial en el sistema de propiedad intelectual. Universidad Autónoma de Chile.

[28] BENITEZ, raul et al. *Inteligencia artificial avanzada*. Barcelona: Editorial UOC, 2013.

[29] Roseth, B., Farias, P., Porrúa, M., Peña, N., Reyes, A., Acevedo, S., Villalba, H., Estevez, E., & Lejarraga, S. (2018). *El fin del trámite eterno: Ciudadanos, burocracia y gobierno digital*. Banco Interamericano de Desarrollo.

Gráfico RE1
Horas necesarias para completar un trámite, por país

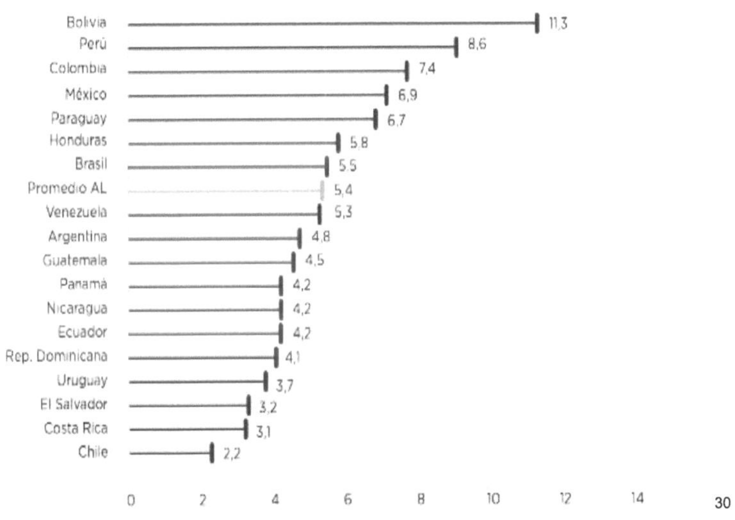

Básicamente, La inteligencia artificial (IA) en Colombia ha experimentado un crecimiento exponencial en la última década. En términos de investigación, Colombia cuenta con varios centros de investigación que se dedican al avance de la inteligencia artificial. Se adelantan por universidades pioneras en el campo, como la Universidad de los Andes, Universidad de Antioquia y, entre otras.

---

[30] Roseth, B., Farias, P., Porrúa, M., Peña, N., Reyes, A., Acevedo, S., Villalba, H., Estevez, E., & Lejarraga, S. (2018). *El fin del trámite eterno: Ciudadanos, burocracia y gobierno digital*. Banco Interamericano de Desarrollo.

De igual forma la aplicación de la IA en el sector industrial, se han observado avances en áreas como la salud y la agricultura. Por ejemplo, en el sector salud, se han desarrollado sistemas de diagnóstico asistidos por inteligencia artificial que sirven para que los médicos detecten de forma temprana las enfermedades.

En este sentido el ámbito empresarial está comenzando a implementar soluciones basadas en IA para mejorar la operación de sus productos, la manipulación de bases de datos y la experiencia con el servicio al cliente. Igualmente se está utilizando en el sector financiero, lo que ha logrado el descubrimiento de fraudes y el desarrollo de servicios financieros más acordes a la disposición de cada ciudadano.

Por estas razones, existen desafíos con la IA en Colombia, como en la mayoría de los países. Estos retos contienen dos inquietudes, una sobre la privacidad de los datos almacenados y clasificados, otra el sesgo algorítmico se debe trabajar generando conciencia de la ayuda que puede brindar la tecnología en el sector público, frente a lo primero se debe configurar el software para que no se filtre información clasificada a su vez debe tener seguridad informática para que no lo puedan hackear, frente al segundo tema con los hechos y el cambio de los tramites que serán de forma rápida se ira generando confianza en los algoritmos empleados por el humano.

En resumen, la IA en Colombia, ha resuelto invertir en concursos para gestionar el avance investigativo. Es probable que la IA rescate un papel cada vez más importante en nuestra tierra, inicialmente impulsando la innovación en todos los campos, donde exista automatización.

2.2.1.1 La IA y la ética

El Parlamento Europeo creó una comisión sobre la IA con el objetivo de analizar el impacto que está llevando y establecer un camino sobre este tema. Teniendo en cuenta que se tomó un año y seis meses, la comisión presentó un informe final el 3 de mayo de 2022. Para ello, recomienda una serie de medidas en los siguientes espacios:

- Fomento de la inversión, la innovación y el liderazgo europeo en IA, apoyando a los sectores clave como la salud, la educación, el transporte o el medio ambiente. Se propone también la creación de un espacio europeo de datos e infraestructuras digitales que faciliten el acceso y el intercambio de datos e información entre los Estados miembros y los agentes públicos y privados.
- La garantía y el respeto de los derechos fundamentales, los valores democráticos y el Estado de Derechos en el desarrollo y uso de la IA. Para ello, se pretende establecer un marco jurídico armonizado basado en principios éticos, tales como la transparencia, la responsabilidad o la no discriminación. También se pide reforzar las garantías procesales y los mecanismos de control y supervisión para prevenir posibles abusos o daños causados por sistemas o dispositivos basados en IA.
- Proteger a los consumidores, trabajadores y ciudadanos frente a los riesgos o consecuencias negativas derivadas del uso indebido o malintencionado de la IA. Se insta garantizar un nivel alto de seguridad y calidad en los productos y servicios basados en IA; promover las competencias digitales y el aprendizaje permanente; a asegurar unas condiciones laborales dignas; a preservar la privacidad y protección de datos personales; entre otras medidas.

- La promoción de una cooperación internacional efectiva con otros países u organizaciones internacionales para definir normas globales sobre IA que sean coherentes con los valores europeos. [31]

En 1987, M. Mitchell Waldrop publica en The AI Magazine un artículo titulado «Una cuestión de responsabilidad». En él, perfila el concepto de «ética de las máquinas» y propone la necesidad de controlar los valores, suposiciones y propósitos introducidos por programadores para concretar aquella capacidad de decisión. [32]

Particularmente se pueden presentar tres problemas éticos:

"1) La fabricación de los robots y la programación de los sistemas de inteligencia artificial, donde se debe garantizar el respeto a la dignidad, intimidad y seguridad de las personas.

2) La realización de funciones por robots y sistemas de inteligencia artificial que impliquen la toma de decisiones de carácter ético y actuaciones autónomas e impredecibles, con la posible consideración de aquellos como agentes morales y la eventual problemática de la determinación de la responsabilidad por daños generados por tales sistemas.

3) El tratamiento que los ordenamientos jurídicos deben dar a los sistemas de inteligencia artificial y su posible consideración como pacientes morales o directamente como sujetos de derecho."[33]

---

[31] parlamento europeo. (2020). Un enfoque europeo de la excelencia en IA. parlamento europeo. https://digital-strategy.ec.europa.eu/es/policies/european-approach-artificial-intelligence

[32] Javier Gonzalo Granado. (2020). Roboética y derecho de los robots. De la persona a la personalidad algorítmica.

[33] Javier Gonzalo Granado. (2020). Roboética y derecho de los robots. De la persona a la personalidad algorítmica.

El ser humano percibe a los sistemas de IA, como una gama de saberes, pero con desconfianza de que la maquina caiga en error y no cumpla a cabalidad la complejidad del asunto, por el contrario, como expuse anteriormente se debe programar el algoritmo con el paso del tiempo, realizando actualizaciones de mejora para evitar este tipo de fugas y descontentos que se puedan generar en la sociedad civil

2.2.1.2 Principios de la IA en el sector público

En Colombia se cuenta con una programa compilado llamado COMPES 3975 del año 2019, expedido por El Consejo Nacional de Política Económica y Social que habla sobre la inteligencia artificial y tiene como fin el "uso estratégico de tecnologías digitales de manera amplia, involucrando al sector público y el sector privado con énfasis en el uso de las TIC como herramientas para impulsar la productividad y favorecer el bienestar de los ciudadanos, quienes son los beneficiarios y consumidores de los bienes y servicios que se producen. Así mismo, busca que se den las condiciones necesarias para el impulso de la IA como uno de los aceleradores más importantes de este proceso en la actualidad, sin desconocer el potencial de otras tecnologías digitales"[34]. Teniendo en cuenta el gran campo de aplicación, fue ineludible instaurar 14 principios que guiaran la IA en nuestro territorio:

1. Creación del mercado de IA: consiste en mezclar los sectores donde interactúen diseñadores, proveedores, intermediarios y consumidores de esta tecnología.

---

[34] Ministerio de Tecnologías de la Información y. las Comunicaciones. (2019, 8 de noviembre). CONSEJO NACIONAL DE POLÍTICA ECONÓMICA Y SOCIAL REPÚBLICA DE COLOMBIA DEPARTAMENTO NACIONAL DE PLANEACIÓN. Documento CONPES 3975.

2. Priorización de las innovaciones creadoras de mercado

3. Políticas basadas en evidencia y métricas de impacto para la regulación.

4. Experimentación regulatoria.

5. Infraestructura de datos de fácil acceso.

6. Mercado de IA como generador de equidad e inclusión.

7. Marco ético para la IA y la seguridad.

8. Compromisos creíbles y producto de consensos.

9. Ambiente de experimentación para desarrollar políticas de talento.

10. Las universidades y la investigación académica como actores estratégicos en la creación del mercado de IA.

11. Atracción de talento internacional.

12. Desarrollo de políticas sobre el futuro del trabajo basadas en la evidencia.

13. El Estado como facilitador y usuario de la IA.

14. Acceso continuo al conocimiento de la comunidad internacional.

Colombia se considera un país exitoso en la región frente a trazar la ruta e implementación de su Estrategia Nacional para la Inteligencia Artificial, aunque no es suficiente con implementar un proyecto

No obstante, en Colombia se han dado significativos esfuerzos por parte de la administración para transmutar digitalmente el sector público, todavía existen grandes oportunidades para mejorar, y este es el inicio que proyecta nuevos patrones para la implementación de la IA. En este momento, la ejecución de las TICS no cumple su fin de incorporar mayor fuerza institucional, por motivos de corrupción y problemas socioeconómicos que abundan en nuestro país.

Seguidamente, es necesario propiciar las condiciones para la creación de herramientas tecnológicas que se puedan implantar en el sector público, donde los beneficiarios son la administración y el administrado superando las estructuras anticuadas y maneras de pensar cotidianas, donde la ciudadanía se prepara para vivir en una zona de confort, así estén mal, y nos acostumbramos a lo mismo porque es lo que vivimos desde la infancia, un ejemplo de esto, es que un menor acompaña a su progenitor a realizar cualquier diligencia, y uno se va preparando mentalmente que son muchas horas para culminar ese deber, y así vamos creciendo y normalizamos que se debe tardar eternidades en tramites públicos, que *a contrario sensu* con ayuda de la IA se podría manejar en minutos sin salir de casa, y destinar ese tiempo perdido en cosas productivas, obteniendo mayor bienestar social.

3   Conclusiones

Pensar que la gestión pública tenga autonomía con ayuda de la IA es una tarea de arduo trabajo tanto teórico como práctico, que se debe ir amparando como algo natural y necesario para la supervivencia de los medios y de la futura población.

La negligencia de la administración pública, en destinar los recursos necesarios para apoyar las nuevas tecnologías vulneran a toda la sociedad y es la brecha que nos separa de un país del primer mundo. Por ese motivo, hay que aprovechar los mecanismos legales que efectivamente incidan en una construcción de un medio técnico sano. En este caso, habilitando la puerta para que la IA pueda abarcar la secretaria Distrital de Movilidad mejorando la prestación del servicio a la ciudadanía.

Lo anterior, siendo más pertinente en la creación de algoritmos específicos para cada sector y haciendo un llamado a la ciudadanía para que en el tránsito de lo tradicional a las nuevas materias tecnológicas pues la IA es el futuro y debe estar presente en todos los entes territoriales. Por tanto, la idea es lograr convertir la mecánica por automatización.

Se puede afirmar, entonces, que hay una predisposición a la visión progresista tecnológica, producto de una responsabilidad consciente en la apropiación de mejorar la atención al ciudadano para avanzar al ritmo que nos depara el paso del tiempo, y que puede resultar a favor de la tesis propuesta.

Por otro lado, el análisis territorial enseña que hay maneras de leer los lenguajes y en este caso se vio cómo en los medios de comunicación se ve el inconformismo de las voces que trata de plasmar la realidad de tiempos de espera mayores a 7,4 horas (Banco interamericano de Desarrollo) y precisamente, la forma que lo hace es describiendo situaciones que a la luz de esta época no deberían estar sucediendo.

Como conclusión, la IA tiene grandes contribuciones a la eficiencia y la productividad que pueden reformar la administración pública y mejorar la atención al ciudadano. Por otro lado, las nuevas tecnologías pueden hallar soluciones a diferentes problemas sociales, como el cambio climático, la degradación medioambiental; cuando sea más sistematizado y la gente tenga plena confianza en la inteligencia artificial, es dable abrir el espectro hacia la lucha contra la delincuencia, siempre y cuando se respeten las libertades, y derechos fundamentales como se ha mencionado. La IA se han forjado gracias al papel que cumplen en países desarrollados, ya sea implícito o no – y que se encuentra vigente en el documento CONPES y decisión judicial como se ha visto en el presente trabajo de investigación, en materia de jurisprudencial la IA tiene todo campo de aplicación desde la medicina hasta programar un despertador con un comando de voz.

Por esta razón, como se ha mencionado anteriormente, ya se plantó la semilla instruida de forma escrita, pero que se debe adaptar a la realidad socioeconómica que para que se desarrolle se deben eliminar las brechas tecnológicas que oscurece a las regiones alejadas del centro, de este modo es importante llegar a todas las regiones, pero primero implementar un algoritmo en una entidad especifica (Secretaria Distrital de Movilidad) que clasifique la información y sea de forma fácil su utilización para ir expandiendo una formula específica para cada entidad, que se traduzca en tiempos cortos de los tramites.

Referencias bibliográficas

Bibliografía básica

-Criado, J. I. (2016). Las administraciones públicas en la era del gobierno abierto. Gobernanza inteligente para un cambio de paradigma en la gestión pública. Revista de Estudios Políticos, 173, 245-275. doi: http://dx.doi.org/10.18042/cepc/rep.173.07.

-RAMIÓ, Carles. Inteligencia artificial y Administración pública: robots y humanos compartiendo el servicio público. Revista Española de Ciencia Política. 2019, 207–210.

Bibliografía complementaria

-BENJAMIN ROSETH ANGELA REYES CARLOS SANTISO. El fin del trámite eterno: Ciudadanos, burocracia y gobierno digital. Banco Interamericano de Desarrollo [en línea]. Junio de 2018 [consultado el 1 de mayo de 2023]. Disponible en: https://publications.iadb.org/es/el-fin-del-tramite-eterno-ciudadanos-burocracia-y-gobierno-digital

-Munera Salazar, L. E. (2000). *Principios de Inteligencia Artificial y Sistemas Expertos*. Cali, Colombia: Universidad Icesi. Disponible en: https://repository.icesi.edu.co/biblioteca_digital/handle/10906/4006

-Gutiérrez, AAC (2018). *Historia y evolución de la inteligencia artificial*. https://revistasdex.uchile.cl/index.php/bits/issue/view/217

-Alfonso Galipienso, MI, Cazorla Quevedo, MA, Colomina Pardo, O., Escolano Ruiz, F., & Lozano Ortega, MA (2003). *Inteligencia artificial: modelos, técnicas y áreas de aplicación*. Ediciones Paraninfo.

-Fedemunicipios, P. (2022, 29 de abril). *90.741 comparendos se impusieron a nivel nacional en el mes de abril*. Federación Colombiana de Municipios. https://www.fcm.org.co/90-741-comparendos-se-impusieron-a-nivel-nacional-en-el-mes-de-abril/

- AMADOR HIDALGO, Luis. *Inteligencia artificial y sistemas expertos*. Universidad de Córdoba, Servicio de Publicaciones, 1996.

-BENITEZ, raul et al. *Inteligencia artificial avanzada*. Barcelona: Editorial UOC, 2013.

-NIEVA FENOLL, J., Videoconferencia: "Inteligencia Artificial y Proceso Penal", Universitas Fundación, 22 de julio de 2020. Recurso online: https://www.youtube.com/watch?v=5BrCNVTPp0o.

-Open letter to the European Commission Artificial Intelligence and Robotics», Robotics Open Letter, disponible en http://www.robotics-openletter.eu/.

-COMISION EUROPEA. Inteligencia artificial para Europa. COM (2018) 237 final, de 25.4. 218.DOUE{SWD (2018) 137 FINAL}. 2018, p.1.

-BBC Mundo Tecnología. (2017, 30 de octubre). Sophia, la robot que tiene más derechos que las mujeres en Arabia Saudita. https://www.bbc.com/mundo/noticias-41803576.

-rae. (2023). algoritmo. https://dle.rae.es/algoritmo.

-Carloni, Enrico. «IA, algoritmos y Administración pública en Italia». IDP. Revista de Internet, Derecho y Política, 2020, n.º 30, https://doi.org/10.7238/idp.v0i30.3228

Etiqueta: índice de percepción. (2020). Etiqueta: índice de percepción. https://transparenciacolombia.org.co/tag/indice-de-percepcion/

-Michelle Azuaje Pirela. (2020). Protección jurídica de los productos de la inteligencia artificial en el sistema de propiedad intelectual. Universidad Autónoma de Chile.

-parlamento europeo. (2020). Un enfoque europeo de la excelencia en IA. parlamento europeo. https://digital-strategy.ec.europa.eu/es/policies/european-approach-artificial-intelligence

-JAVIER GONZALO GRANADO. (2020). Roboética y derecho de los robots. De la persona a la personalidad.

ACCION DE TUTELA EN MATERIA DE DERECHO DE PETICION-Procedencia de manera directa por ser derecho fundamental de aplicación inmediata (s/f). Gov.co. Recuperado el 1 de septiembre de 2023, de https://www.corteconstitucional.gov.co/relatoria/2018/t-206-18.htm

-Ministerio de Tecnologías de la Información y. las Comunicaciones. (2019, 8 de noviembre). CONSEJO NACIONAL DE POLÍTICA ECONÓMICA Y SOCIAL REPÚBLICA DE COLOMBIA DEPARTAMENTO NACIONAL DE PLANEACIÓN. Documento CONPES 3975.

Moreno, D. Á. (2022, 23 de agosto). *Deyanira Ávila Moreno, nueva Secretaria Distrital de Movilidad*. Bogotá.gov.co; Deyanira Ávila Moreno, nueva Secretaria Distrital de Movilidad. https://bogota.gov.co/mi-ciudad/gabinete-distrital/nueva-secretaria-de-movilidad-de-bogota-deyanira-avila-moreno.

¡Bogotá en peligro: ¡el aterrador repunte de la inseguridad en el primer semestre del 2023! (s/f). Gov.co. Recuperado el 13 de septiembre de 2023, de https://concejodebogota.gov.co/bogota-en-peligro-el-aterrador-repunte-de-la-inseguridad-en-el-primer/cbogota/2023-07-14/165454.php.

Régimen del servidor público. Recuperado el 1 de agosto de 2023, de http://www.esap.edu.co/portal/wp-content/uploads/2017/10/2-Regimen-del-Servidor-Publico.pdf).

LIBRO BLANCO sobre la inteligencia artificial - un enfoque europeo orientado a la excelencia y la confianza Recuperado el 1 de agosto de 2023, de https://eur-lex.europa.eu/legal-content/ES/TXT/PDF/?uri=CELEX:52020DC0065.

Legislación citada

Ley 2213 de 2022.

Ley 1755 de 2015.

Ley 1581 de 2012.

Constitución política de Colombia.

Acuerdo 257 de 2006.

CONPES 3975-2019.

Código Civil Colombiano

Listado de abreviaturas

IA: Inteligencia artificial.

TIC: Tecnologías de la Información y las Comunicaciones.

C.C: Código Civil.

BID: Banco Interamericano de Desarrollo.

SDM: secretaria Distrital de Movilidad.

Printed by Books on Demand GmbH, Norderstedt / Germany